梅兰芳艺术人生文丛

刘祯／主编

梅蘭芳故居

◎ 毛忠 编著

知识产权出版社
全国百佳图书出版单位
——北京——

「梅兰芳艺术人生文丛」的整理出版为北京市西城区文化艺术创作扶持专项资金2020年度扶持项目

序

"他在深厚传统和广泛吸收多家所长的基础上创造了极其精美的艺术。他不愧为现代世界上伟大的表演艺术家之一。他的艺术是近千年来中国戏曲艺术历史上的高峰之一。他是一代宗师,对一代艺术家发生了积极的、深刻的影响。梅兰芳是把中国戏曲舞台艺术介绍到国外,并获得盛誉的第一个戏曲表演艺术家。"(朱穆之《永不停步的革新精神——纪念艺术大师梅兰芳诞辰九十周年》）这个"他"，就是 20 世纪中国最伟大的表演艺术家之一——梅兰芳。

轻拂时间的尘封，走入历史的情境中，回看梅兰芳的一生，依然那么清晰，又那么熟悉。在 20 世纪初新与旧、古老与现代、东方与西方的文化碰撞和争持中，梅兰芳的出现，顺应时代要求和审美追求。他通过持之以恒的努力、追索，将京剧艺术推向了一个新的高度，也使得"梅兰芳"这一名字与京剧、与时代紧紧地联系在一起。而从中国艺术、中国文化的传承脉络来看，其实梅兰芳及其京剧艺术早已融汇到今天的舞台艺术和文化基因里。

演员是梅兰芳的职业，他以自己的努力和奉献，把京剧的旦行艺术推向了新的高度；同时，作为那个时代引领风气之先的人物，他的行为思想又与时代社会紧密联系，为人们所关注，成为时尚标志。而在那个动荡、变幻莫测的时期，梅兰芳洁身自爱，不随波逐流，注重自我品德修养，追求进步，为人中和而讲原则，是非分明；他身上的家国情怀，如傲雪红梅，如瞿霜松柏，坚贞不屈，坚定不移。台上，他扮演了数以百计不同身份、不同性格的女性人物，个个美丽动人，熠熠生辉，善恶分明；台下，他是铮铮男儿，有血有肉，与人为善，助人为乐，热心公益，具有高度的文化自觉。他有开阔的视野和世界眼光，访日、访美、访苏演出，使中国戏曲得以走上世界戏剧舞台，形成与世界其他戏剧体系平等交流、对话的格局，进一步构筑和阐释了中国戏曲的体系特征，展示了中国传统文化的魅力，提升了中国文化和中国人在世界中的地位。

梅兰芳是 20 世纪伟大的京剧表演艺术家，是传承者，是革新者，也是一位绘画大家，是那个时代的时尚代表，是那个时代的文化表征，是那个时代的文化使者，是一位伟大的爱国者，是为人们所爱戴的人民艺术家。本文丛试图让人们了解和看到的就是这样一位血肉饱满、生动鲜活、爱憎分明、初心不改而多姿多彩的梅兰芳！

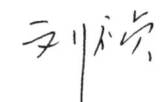

人生舞台——梅兰芳故居 目 录

1 / 导 言
"最美奋斗者"的另一方舞台

10 / 一、祖辈遗荫
铁树斜街 101 号故居

35 / 二、班社聚居
百顺胡同故居

51 / 三、悲欣交集
北芦草园胡同 9 号故居、鞭子巷头条故居
与鞭子巷三条故居

70 / 四、青云直上

青云胡同29号故居

87 / 五、人文荟萃

无量大人胡同5号故居

117 / 六、精神圣地

护国寺街9号故居

梅兰芳半身塑像(梅兰芳纪念馆存)

导　言

"最美奋斗者"的另一方舞台

在中华人民共和国成立七十周年前夕，中共中央、国务院公布了"最美奋斗者"称号获得者名单。获此殊荣的都是中华人民共和国成立七十年来各个时期的先进分子、各行各业的杰出代表，被誉为"国家的栋梁、民族的脊梁、时代的楷模"，值得国家和人民永远铭记。在这份包含二百七十八位个人和二十二个集体的名单中，梅兰芳的名字赫然在列。要知道，梅兰芳的人生与

人生舞台——梅兰芳故居

梅兰芳荣获"最美奋斗者"称号的奖状和徽章

艺术活动主要集中于中华人民共和国成立前,中华人民共和国成立直至其去世仅有十余年,然而他却是此次荣耀榜中唯一上榜的中国京剧演员。梅兰芳到底有什么样的魅力与影响力,使他在去世六十余年后的今天,依然为世人所铭记和推崇?

导　言 "最美奋斗者"的另一方舞台

中国戏曲研究院院长梅兰芳在
湖南长沙文艺界座谈会上讲话

人生舞台——梅兰芳故居

梅兰芳与表演艺术研究班师生一起探讨表演艺术
后排左起：陈伯华、常香玉、俞振飞、马师曾
前排左起：徐凌云、梅兰芳、红线女、袁雪芬、萧晴

导　言　"最美奋斗者"的另一方舞台

众所周知，"京剧表演艺术大师"是梅兰芳最为人们所熟知的身份与标签。这个身份留给我们的印象是如此的深刻，以至于提到"梅兰芳"这个名字，浮现于脑海的常常是正在做报告的中国戏曲研究院院长、正在给年轻演员讲述表演经验的前辈艺术家、正手捧金印慷慨唱出"我不挂帅谁挂帅，我不领兵谁领兵"的穆桂英等形象。其实，梅兰芳一生的经历与形象远远不止这一点。就拿青年时期的梅兰芳来说，作为民国时期的巨星，追捧他的观众和粉丝不仅数量庞大、遍布各阶层，而且可谓是到了如痴如醉的地步，当时他所拥有的社会声望是时下任何一位明星无法望其项背的。除此之外，他还精研中国传统绘画艺术，曾先后师从王梦白、吴昌硕、齐白石等绘画大师；他的书斋"缀玉轩"既是著名的戏曲古籍文献收藏之所，也是当时中外文化、艺术、政治等各界名流纷纷造访之地，以至于他曾被称为"民间的文化外交部长"；1919年、1924年、1929年、1956年他数次访日演出，1930年、1935年又先后带领剧团访美、访苏，是较早将中国京剧艺术有规模、有组织地带出国门、走向世界的文化使者和先行者。

拥有如此丰富多维形象的梅兰芳，不仅仅只有舞台艺术上的光彩照人，自青年时代他既已展现出的人品道德、文化担当、文化自觉、民族大义等，同样令人感佩不已。陈毅元帅曾评价梅兰芳为"一代完人"，这绝非溢美之词，而是对他德艺双馨的一生的高度而准确的概括。

导　言　"最美奋斗者"的另一方舞台

说到梅兰芳辉煌而极具传奇性的一生，北京这座城市是无论如何也绕不过去的。他出生于此、学艺于此、初次登台于此、成名于此、登上艺术巅峰于此，及至其人生也落幕于此。当然除了北京之外，梅兰芳一生还曾在上海、香港等地较长时间地居住过，也留下了众多的历史遗迹和动人故事，但他在北京的居所及其变迁更具历史兴味。一方面北京的故居连缀了梅兰芳在这座古都中的人生轨迹，另一方面也涵融了他日常生活中的点点滴滴。如果说戏曲舞台承载了作为演员的梅兰芳的艺术人生，那么他在北京的故居及其中发生的故事，则展现了作为普通人的梅兰芳在日常生活中的文化气质及其为人处世的品格修养，那里如同他的另一方舞台——一个呈现更为真实的梅兰芳的人生舞台。

梅兰芳一生在北京先后有八处居所,分别为铁树斜街101号、百顺胡同、北芦草园胡同9号、鞭子巷头条、鞭子巷三条、青云胡同29号、无量大人胡同5号、护国寺街9号。下面就让我们走进梅兰芳在北京的故居,听听他在这方人生舞台上所发生的故事。

梅兰芳出生地梅家老宅的大门
北京前门外李铁拐斜街 45 号，现为铁树斜街 101 号

一、祖辈遗荫

铁树斜街 101 号故居

1894年10月22日,梅兰芳出生于北京前门外李铁拐斜街45号(现为铁树斜街101号)的梅家老宅。梅家为梨园世家,从梅兰芳祖父梅巧玲算起,一门四代从事戏曲艺术。梅家老宅所在的李铁拐斜街原为一条水沟,清朝成街后因街中一位经营铁锅棚铺的李姓匠人而

一、祖辈遗荫 铁树斜街101号故居

梅兰芳出生地
铁树斜街现今面貌

得名"李铁锅斜街",后谐音为李铁拐斜街。[1] 1965 年北京市整顿地名,什官巷、棚铺夹道并入其中,改名为铁树斜街,现隶属于北京市西城区。铁树斜街是北京大栅栏的名街之一,全长 551 米,宽约 11 米,呈东西走向,其东接大栅栏街,西连韩家胡同、五道街、堂子街。李铁拐斜街是八大胡同与其北面商店与居民区的分界处,八大胡同均在其南面。

一说到八大胡同,很多人都会联想到烟花柳巷。其实清末民初的八大胡同在开设大量的妓院之前,是戏曲艺人生活和从艺之地,可谓当时的戏曲演出活动的会聚

---

[1] 清乾隆时人吴长元辑录的《宸垣识略》是一部记载北京史地沿革和名胜古迹之书,其中曾记载:李铁锅斜街,后谐音李铁拐斜街。

梅兰芳出生地
铁树斜街 101 号梅家老宅现今面貌

郝兰田　张胜奎　梅巧玲　刘赶三　余紫云　程长庚

清·沈蓉圃绘《同光十三绝》

地。早在清乾隆五十五年（1790年），以三庆班、四喜班、和春班、春台班为代表的四大徽班相继进京，三庆班进驻了韩家潭（现韩家胡同），四喜班进驻了陕西巷，和春班进驻了李铁拐斜街（现铁树斜街），春台班进驻了百顺胡同。而在京剧发展史上，四大徽班进京基本被公认为是京剧逐渐开始形成的前奏。到了京剧形成

徐小香　时小福　杨鸣玉　卢胜奎　朱莲芬　谭鑫培　杨月楼

后的清同治、光绪年间，涌现了大量的、具有高超表演技艺的京剧艺人，其中有十三位最为著名，被称为"同光十三绝"。"同光十三绝"中，除了住在李铁拐斜街45号的梅巧玲外，程长庚住在百顺胡同34号，张二奎、余三胜住在石头胡同，刘赶三住在韩家胡同，谭鑫培住在大外廊营胡同1号，这些当时各个行当数一数二的戏曲艺人基本都集中在这一片区域。也正因为如此,包括铁树斜街在内的大栅栏一带现已被认定为"京剧发祥地"。而所谓的八大胡同也是随着京剧表演艺术在这片区域演出活动的日益热闹、壮大,才渐渐发展成为当时北京地区的娱乐业中心和时尚策源地。

在铁树斜街这条老街上,除了广东肇庆会馆东馆、广东肇庆会馆西馆、延定会馆、山西襄陵会馆四处会馆外,作为梅兰芳出生地的铁树斜街101号梅家老宅无疑是现在最知名的院子。这座院子是一所普通的四合院,原宅院外沿街建有高墙,大门为东南朝向,门楼与宅门相对,街门上有描金对联,上联"门庭香且宝",下联"家道泰而康"。这个南北长38米、东西宽13米的二进院落,由正房和配房组成。倒座南房三间半,半间辟

一、祖辈遗荫 铁树斜街101号故居

为大门道，用花砖墁地，原两厢房南山墙间为木隔墙，中为月亮门（现已不存）；北房面阔五间，五檩进深，带前廊；东西厢房各两间，东厢房贴南山墙建有砖影壁。第二进院落格局与前院基本相同，后院西次间宅门后门今为樱桃斜街62号。

李铁拐斜街45号梅家老宅，最早为其祖父梅巧玲购置居住。清光绪八年（1882年），梅巧玲在此宅中病故，梅兰芳之父梅竹芬年仅八岁。梅竹芬成年后娶杨隆寿长女长玉为妻，清光绪二十年（1894年）农历九月二十四日，梅兰芳出生于此宅东厢房内，为梅门独子。不料在梅兰芳三岁时，父亲梅竹芬又患病亡故于此宅，孤儿寡母随祖母和伯父伯母生活，一家数口仅靠伯父梅雨田操琴的微薄收入维持生活。

梅兰芳祖父梅巧玲（1842—1882）画像

说到梅兰芳的学艺、成名乃至成为京剧表演艺术大师、备受尊崇的人民艺术家，就不得不提到他的祖父梅巧玲。梅巧玲（1842—1882），原名芳，字慧

一、祖辈遗荫 铁树斜街 101 号故居

仙，号雪芬，祖籍江苏泰州凤凰墩鲍家坝。他天资聪敏，刻苦学艺，终成京昆俱佳、扮相雍容端丽、台风清新、念白文雅脱俗的第一代京剧旦角演员。年轻时即为"四大徽班"中四喜班的主要旦角，三十多岁开始执掌四喜班，也曾担任精忠庙会首。梅巧玲为人正直，办事公道，一反苛待艺徒和梨园同业的恶习，厚待四喜班贫苦同业，重信义、讲情谊，有"义伶"的美誉。有几个小故事，足以证明梅巧玲这"义伶"的美誉来源非虚。

早年间北京的戏班子有大小之分。"大班儿"如三庆班、四喜班、春台班等，都有自己的固定班底，班社与演员是签订了长期契约的；"小班儿"是流动组织，有戏唱就临时组班，没戏唱则说散就散（过去

梅巧玲饰演萧太后的扮相

一、祖辈遗荫 铁树斜街101号故居

专事培养学员的科班也称作"小班儿")。如果遇到皇帝驾崩等国丧,"大班儿"就倒了霉,得按照契约来,一是不能遣散演员,二是还得照开戏份。但旧时梨园行里有规矩,凡遇国丧等意外,不能演出期间,可开一半车钱,即月工资,到一个季度可拿半份"包银",基本可以让演员填饱肚子,一般班里艺人们也能理解接受。但作为四喜班班主的梅巧玲则为人厚道,所有的演员国丧期间一分不少给,都开全份。清人李慈铭在《越缦堂日记》中曾记载:"孝贞国丧,班中百余人失业,皆待慧仙(梅巧玲)举火。"要知道当时四喜班有一百多号人,整个班社没有演出就没有收入,全靠梅巧玲用自己的积蓄垫付养着。在梅巧玲主持四喜班的十余年间,先后碰到清同治十三年(1874年)同治皇帝和清光绪七年(1881年)孝贞（慈安）太后两次国丧，按大清律的规定，遇皇帝的国丧是两年零三个月不能动响器，太后是一年。要说十天半月还可维持，但这一两年的时间，梅巧玲就顶不住了。积蓄用完了他就当东西、卖房子，还是不行，就只能找他的挚友时小福拆借。时小福也是位列"同光十三绝"的青衣好角儿，极讲义气。他拿出很大一笔银子，帮梅巧玲的四喜班暂渡难关，后来时小福的积蓄也用完了，最后他决然把自己的房子卖了，所得款项转借给梅巧玲，才让四喜班一百多号人度过了两次"国丧"。即便这样，梅巧玲也仍然给搭班伶人全份的戏份。后来梅兰芳成名后，也组建了自己的剧团，在承担班主责任、养活一大帮剧团的人这件事情上，可谓有其先祖的遗风，宁愿自己少拿戏份，也绝不亏待剧团的其他艺人。

一、祖辈遗荫 铁树斜街101号故居

再说说梅巧玲"焚券"和"赎当"的故事。当年梅巧玲结交了许多文人雅士,其中清道光年间有一位叫谢梦渔的学人,是扬州仪征人,清道光三十年(1850年)庚戌科的探花,官至御史,却一生廉洁,两袖清风。这位谢御史旧学渊博,尤通音律,喜爱梅腔,所以梅巧玲常常和他在一起研究字音、唱腔。两人互为知音又是同乡,因此往来甚密,有很深的交谊。谢梦渔虽为京官,但是文官年俸微薄,日常生活较为窘迫。谢御史凡遇难处,梅巧玲经常慷慨解囊,送钱给他应急以渡难关。谢御史倒也讲究,不论数目多少,必写下借据交给梅巧玲带回。多年下来,借款数目多达三千余两银子,而谢御史年俸不过百余两,这数目相当于谢御史三十年的俸禄。谢御史七十多岁病故于京,设灵堂于北京扬州会馆,梅巧玲来到灵前吊唁挚友,失声痛哭,行大礼举哀。

知我便当良友待

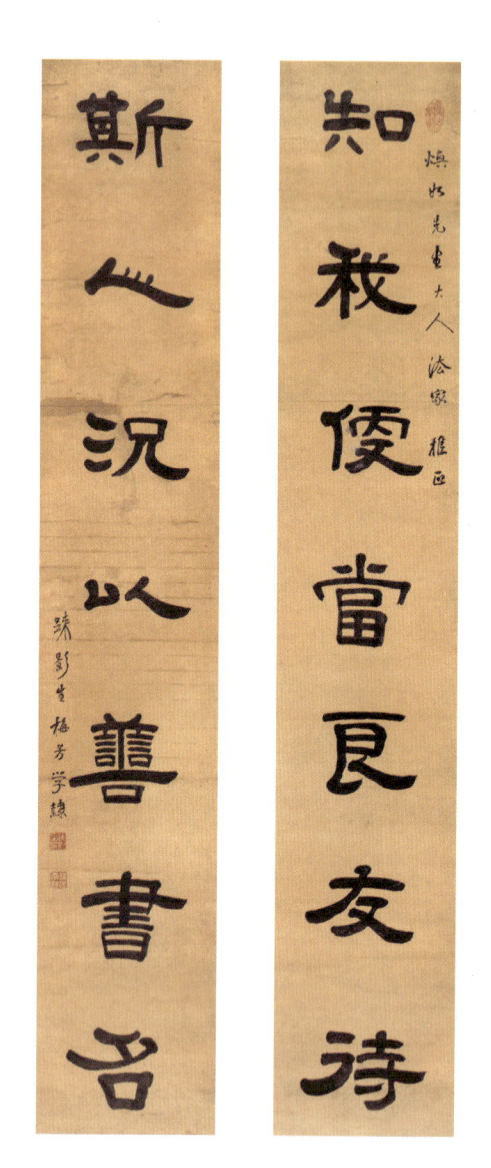

斯人况以善书名

梅巧玲隶书七言联

一、祖辈遗荫 铁树斜街101号故居

然后他拿出三千余两银子的借据示以谢家人。谢家人惶恐不已,以为梅巧玲的目的是来要账。没料到,梅巧玲却当着众人的面把借据举至灵前的蜡烛上焚化了。烧完后又从靴子里掏出一张三百两银票,交给谢家人以作为为老友送葬的奠敬,并在灵前徘徊良久,唏嘘涕下,然后黯然登车而去。在场亲友无不热泪横流,纷纷盛赞梅巧玲雪中送炭、不忘故交的义举。后来,梅巧玲这一"焚券"的事迹在京城广泛流传,"义伶"的美誉由此而来。李慈铭在《越缦堂日记》中也曾记载此事。1956年梅兰芳在江苏扬州演出时,曾收到当地一位叫张叔彝的热心观众的来信,信中也详细地讲述了这个故事。

而"赎当"的故事则讲的是安徽桐城一名叫方子观的举子,参加清咸丰九年(1859年)己未试而留守京都。这名方姓举子尤爱看戏,与梅巧玲结识后,两人过从甚密,用梅兰芳的话说"很看得起我祖父"。方子观对书文戏理颇有见识,时常帮梅巧玲修正戏词。本是寒士,又在客中,所以方子观手中渐渐拮据,但他很在意体面,从不张口向人借钱,就靠进出当铺勉强度日。日子一长,梅巧玲看出秘密,就到他的寓所找寻当票,想替他赎当。可巧那天方子观赴大内殿试,其家人对梅巧玲有些误解,认为正是与梅巧玲这位戏子的交往,才导致了方子观的家徒四壁、典当度日,于是责问梅巧玲。梅也不辩解,拉着其家仆,拿着当票,把这位方举子的所当之物全部赎回,并留下两百两银子及书信一封,劝说他不能每天只是看戏,先求得功名要紧,并说:"馆选后可再相见,此时若来,当以闭门羹相向也。"举子知道后感动万分,于是下

一、祖辈遗荫 铁树斜街101号故居

帷苦读，夜以继日，榜发果得中进士。可没多久，"未及同行，而子观遽殁"。方子观身后丧葬事宜，又是梅巧玲一手料理。

祖父梅巧玲的这种急公好义、仗义疏财，有担当、讲情谊，留给梅兰芳两大精神财富。现在我们回过头来看，这两大精神财富可以说是梅兰芳成才成名乃至成为一代宗师的重要基础。哪两大精神财富？一个是优良的家风家德。梅兰芳曾自述："我的祖父梅巧玲是满清同治、光绪年间的名演员。在那个时期，戏曲演员是被人看不起的。我祖父一生为人有行侠仗义的作风，他对同业和朋友们的帮忙，常常是牺牲本身的利益去替别人解决困难，这类事情很为人们所称道。我的父母去世很早，我祖母和姑母把我祖父的为人行事讲给我听，我受

梅兰芳父亲梅竹芬（1874—1897）

一、祖辈遗荫 铁树斜街101号故居

了感动,立志要学我祖父和一切好人的样子,要长进向上,不敢胡来。"梅兰芳一生为人宽厚、谦虚谨慎,即是秉其先祖家风家德。第二个精神财富则是良好的同行人缘。他的父亲梅竹芬在梅兰芳三四岁时便因劳累过度病故。幼年丧父的梅兰芳跟随母亲,和大伯梅雨田夫妇一起生活。梅兰芳正式学戏是在九岁时,跟从时小福的弟子吴菱仙启蒙学青衣戏。吴菱仙早年在四喜班学戏,也算是梅巧玲的弟子。他对梅兰芳说过:"你祖父对待班儿里的人,实在太好。每逢年节,根据每个人的生活情形,随时加以适当照顾。有一次我家里遭到意外的事,让他知道了,他远远地扔过一个小纸团儿,口里说:'菱仙,给你个槟榔吃!'等我接到手里,打开来看,原来是一张银票。当每个人拿到这类赠予的银子时,往往都是他最需要这笔钱的时候。"我们再来看看

人生舞台——梅兰芳故居

王瑶卿

一、祖辈遗荫 铁树斜街101号故居

教过或提携过梅兰芳的还有王瑶卿（人称梨园行旦角的"通天教主"，四大名旦都曾向他学戏）、谭鑫培（伶界大王）、王凤卿（王瑶卿之弟，梅兰芳早期的主要合作合演者，其第一次去上海演出即是受到王凤卿的提携）等，无不是直接或间接受到过梅兰芳祖父梅巧玲的恩惠或帮助。说到伶界大王谭鑫培，梅兰芳之子、著名梅派表演艺术家梅葆玖曾说过："谭鑫培先生是与我曾祖父梅巧玲同一时代、'同光十三绝'中的人物。谭鑫培先生念我曾祖父的交情，一百年前，六十五岁的谭鑫培就和十九岁的梅兰芳唱《桑园寄子》，直到谭鑫培生命的最后的半年中还提携梅兰芳合作演出《汾河湾》《四郎探母》等，给梅兰芳以后的成名奠定了极为重要的基础。所以在某种意义上讲，没有谭鑫培就没有梅兰芳。"

谭鑫培

一、祖辈遗荫 铁树斜街 101 号故居

如果说当年李铁拐斜街 45 号梅家老宅是祖父梅巧玲留给梅兰芳的重要物质财富,为年幼的梅兰芳提供了暂时的庇身之所,那么在这老宅的背后,梅巧玲给身为子孙后代的梅兰芳留下的更为重要的却是无形的精神财富,对梅兰芳日后所取得的成就影响深远,也从另一个方面印证了"积善之家,必有余庆"这句老话。

王瑶卿（左）与杨孝亭（右）演《樊江关》

二、班社聚居

百顺胡同故居

清光绪庚子年（1900年）可谓是中国近代史上最为屈辱的一年，八国联军侵华，占领了北京紫禁城皇宫，史称"庚子国难"。这一年，梅兰芳七岁。此时他的祖父梅巧玲、父亲梅竹芬都已去世，养活梅家的重担全部落在了伯父梅雨田的身上。

梅雨田从小就喜欢音乐。他出生于1865年,三岁时就能坐在一个木桶里,抱着一把破弦子,叮叮咚咚地弹着玩。八岁时父亲问他想学什么,他说:"我爱学场面。"此后,梅巧玲便把京城里的吹拉敲弹各路好手都请来教儿子梅雨田。四喜班的琴师贾祥瑞成为梅雨田的开蒙老师,京城其他名手如李春泉、樊景泰、韩明儿、钱春望都教过梅雨田。梅雨田天资聪慧,在音乐方面也有天分,吹拉弹样样拿手,无论什么一学就会,终于没有辜负梅巧玲的一片苦心和厚望。无论武场还是文场,无论胡琴还是月琴,梅雨田样样精通,因此就有了"六场通透"的称号。梅雨田操琴伴奏的戏份早期和一般的场面差不多,虽说后来为谭老板操琴后,戏份有所提高,但八国联军入侵后烧杀抢掠,无恶不作,街市一片萧条,多家戏园茶园被烧了,剩下的几家也关门歇业,戏班不

梅兰芳伯父梅雨田（1865—1912）

得不停演而断了戏份,演员们只得外出自谋出路。名丑萧长华为了生计不得不上街卖烤白薯,名净李寿山上街叫卖萝卜和鸡蛋糕。梅雨田虽然不至于此,却也是演出一场挣一份钱,没有演出也就没有收入,梅家仅靠梅巧玲留下来的产业维持生计,时间一长,坐吃山空,富足的梅家逐渐中落,直到入不敷出、寅吃卯粮的地步。

无奈之下,梅雨田也只有外出谋生。可他一个琴师除了操琴演奏外还会什么呢?梅雨田万般苦恼之余突然想起他认识一家修表店的赵师傅。赵师傅虽然从事修表业,但平时爱听戏,尤偏爱胡琴,他和梅雨田是旧好,两人曾经互传技艺,他向梅雨田学习拉胡琴而梅雨田则向他学习修表。不久,赵师傅琴艺大长,而梅雨田也学会了修表这一技能。平时家里大小钟表

二、班社聚居 百顺胡同故居

都由他来修,甚至邻里亲朋家的钟表坏了也上门请他修,他也乐意帮忙且分文不取。此时,他不得不利用这偶然学成的技艺维持生计了。

1900年,迫于生计的梅家不得不变卖了老宅,举家迁至离其不远的百顺胡同东段路北租房栖身居住。百顺胡同在明代被称为柏树胡同,因种有柏树而得名。清初取"百事顺遂"的谐音,更名为百顺胡同。百顺胡同是梅兰芳在北京曾住地中唯一没有改名的地方,位于大栅栏地区的西南部,全长245米,宽5.7米。

在北京八大胡同中,百顺胡同名气最大。百顺胡同最初曾设有太平会馆、晋太会馆,会馆后来大多改为民居。太平会馆建于清乾隆年间,初称太平会馆,后改名太平试馆。当年，著名的春台班就在这条胡同中。京剧名伶大都在八大胡同的韩家潭、百顺胡同、石头胡同、王广福斜街等胡同内居住。三庆班原在韩家潭，后来也迁到百顺胡同。所以，百顺胡同可谓当时梨园班社的聚居之所。而梅兰芳一家搬入百顺胡同，也似乎冥冥中自有天意。他们先住在武生杨小楼、小生徐宝芳的隔壁院内，不久又迁入徐、杨两家的前院，和他们同住了好几年。今此住所早已翻建变貌。

在百顺胡同附近有一个私塾，梅兰芳当时就在这个私塾中读书，后来这个私塾搬到了该胡同东口外的万佛寺湾（今万福巷），梅兰芳跟过去继续攻读。当时的杨小楼已经很有名气了，被人称为"杨老板"。杨小楼出门演出的时间跟梅兰芳上学的时间差不多，常常顺道抱

二、班社聚居 百顺胡同故居

现今的百顺胡同口

梅兰芳与杨小楼合演《霸王别姬》

二、班社聚居 百顺胡同故居

着或背着梅兰芳去私塾。有时候梅兰芳就跨在杨小楼的肩上,杨小楼口里还讲民间故事给梅兰芳听,买糖葫芦给他吃,逗他笑。谁能想到这两位十几年后会经常合演《霸王别姬》《长坂坡》等多出名戏?在后台扮戏的时候,两人还时常聊起往事,相视一笑,其中情缘令人感叹不已。梅兰芳在《舞台生活四十年》中曾回忆说:"我家从庚子年起搬到百顺胡同,就跟杨老板同住在一个大门里面。我那时才七八岁,还在私塾念书。他老是背着我上学,真可以说是看着我长大的。一晃十几年后,当年常常跨在这位杨大叔肩上的我,居然跟他一块儿搭班,同台演出。这更使我感到无限的愉快。"

在百顺胡同居住期间是梅家家道中落、每况愈下、生活渐趋窘迫的时期。为生活所迫,八岁开始梅兰芳不

梅兰芳（右）与学艺伙伴姚玉芙

二、班社聚居 百顺胡同故居

得不弃学在家学戏。幼时梅兰芳的天资并不出众,梅雨田为梅兰芳选择的是"请教师在家授艺"的方式,请来名小生朱素云的哥哥朱小霞为梅兰芳说戏。他按照青衣的传统教授方法讲授《二进宫》《三娘教子》一类的老腔老调,可就是开头四句极简单易学的老腔【慢板】,梅兰芳学了多时还不会,气得老师对他说:"祖师爷没赏你饭吃。"一气之下弃而不教了。梅兰芳在《舞台生活四十年》中引姑母的话也提到了这件事,并且提到之后与老师再碰面的情景:"……等他(梅兰芳)成名以后,有一天又在后台见着,朱先生很不好意思地对他说:'我那时真是有眼不识泰山!'他笑着答复朱先生说:'您快别说了,我受您的益处太大了,要不挨您这一顿骂,我还不懂得发奋苦学呢。'"

到九岁那年,梅兰芳开始到姐夫朱小芬家里学戏,一同学戏的还有梅兰芳的表兄王惠芳和朱小芬的弟弟朱幼芬。吴菱仙是他们的开蒙教师,教梅兰芳的第一出戏是《战蒲关》。吴菱仙对梅兰芳的教授是特别认真而严格的。跟对别的学生不同,吴菱仙似乎把大部分的精力都集中到了梅兰芳身上。他对梅兰芳有一种特别的期望,要把年幼的梅兰芳教育成名,完成自己的心愿。梅兰芳后来曾对此解释说:"我能够有这一点成就,还是靠了先祖一生仗义疏财,忠厚待人。吴先生对我的一番热忱,就是因为他和先祖的感情好,追念故人,才对我另眼看待。"

在百顺胡同居住的这段时间,是梅兰芳为自己的表演艺术打下坚实基础的几年。他跟着吴菱仙学习的都是

二、班社聚居 百顺胡同故居

九岁时的梅兰芳

梅兰芳与王蕙芳合影

二、班社聚居 百顺胡同故居

《二进宫》《桑园会》《三娘教子》等正工的青衣戏，共三十余出，遵循的都是传统的表演路子。在清光绪甲辰年（1904年）农历七月初七乞巧节这一天，广和楼应时上演灯彩戏《天河配》，年仅十一岁的梅兰芳第一次上台演出，客串演出昆曲《长生殿·鹊桥密誓》中的织女。虽然因年幼，梅兰芳是由吴菱仙抱着上的椅子，登上鹊桥，但第一次登台着实让梅兰芳兴奋不已。

梅兰芳自学艺起，一直住在百顺胡同的居所中，在吴菱仙的细心教导下刻苦学习。直至十四岁前后，他从百顺胡同移居北芦草园，才正式开始搭班"喜连成"演出。

梅兰芳(中)与老师吴菱仙(右)和小伙伴朱幼芬(左)

三、悲欣交集

北芦草园胡同9号故居、鞭子巷头条故居与鞭子巷三条故居

清光绪三十三年（1907年），梅兰芳一家迁往原崇文区居住，先后在该区居住的住所有四处之多，这里是梅兰芳在京城曾居地最多的一个区。梅家最开始迁入的住所是珠市口东大街（原三里河人街）迤

北的北芦草园胡同9号，此时梅家的经济状况正处于最为窘迫的时期，所以这一居所是梅兰芳一生居所中最窄小简陋的一处。就在迁入此宅的当年，他带艺搭喜连成（后改名为富连成）社借台演戏，每天在广和楼、广德楼这些戏园子里轮流演出。这个时候的戏园子大多是白天演戏，所以梅兰芳每天吃过午饭后，便由"跟包"（旧时专为某个戏曲演员管理服装及做其他杂务的人）宋顺陪着坐自备的骡车前往戏园戏馆演出。这位宋顺年迈耳聋，大家都叫他"聋子"。从这个时期起，他跟随梅兰芳几十年，直到1930年梅兰芳访美演出回国后去世，与梅兰芳有很深的感情。

在搭班喜连成的时候，梅兰芳开始正式有了演出收入。他第一次出台演出，虽然拿到的仅是极少的

三、悲欣交集 北芦草园胡同9号故居、鞭子巷头条故居与鞭子巷三条故居

"点心钱",还不是正式戏份,但从心理上梅兰芳觉得自己已经开始挣钱了,感到很满足。这对于正处在窘迫境地的梅家来说,无疑是增加一笔家庭收入;而对于孤儿寡母的梅兰芳母子而言,能挣钱也意味着能养家糊口、身为人子可以孝敬慈母。所以当梅兰芳第一次把钱双手捧给母亲时,母子俩的兴奋心情是可想而知的,慈母激动得流下了热泪。梅兰芳曾印象深刻地回忆说:"我记得第一次出台,拿到这很微薄的点心钱,回家来双手捧给我的母亲。我们母子俩都兴奋极了。我母亲的意思,好像是说这个儿子已经能够赚钱了。我那时才是十四岁的孩子,觉得不管赚得多少,我总能够带钱回来给她使用。在一个小孩子的心理上,是多么值得安慰的一件事!"然而第二年,也就是清光绪三十四年(1908

年)农历七月十八日,梅兰芳的母亲杨长玉(前辈武生名家杨隆寿长女)就在这所简陋的北芦草园胡同9号住所内病故了,享年仅三十二岁。

清宣统元年(1909年),十五六岁的梅兰芳已是失去双亲的孤儿。这一年又随祖母和伯父迁至三里河大街迤南的鞭子巷头条一所极小的四合院内(因扩建广安大街,鞭子巷头条现已不存在)。1910年,梅兰芳十七岁,因变声"倒仓"离开了喜连成社科班,停止了演出。幸运的是,不到一年梅兰芳的嗓音便得以恢复,他开始正式搭俞振庭所组成的双庆班。双庆班属于"大班儿",其规矩和"小班儿"不同,不论大小角儿,都有戏份。梅兰芳初入双庆班,地位并不高,但开始有了固定收入。此时母亲杨长玉的孝服已满,梅兰芳在鞭子巷

三、悲欣交集 北芦草园胡同9号故居、鞭子巷头条故居与鞭子巷三条故居

头条的宅内与前室王明华成婚。王明华是名武生王毓楼的妹妹、名老生王少楼的姑母，持家精明能干，对梅兰芳的演出事业的发展也多有助益。一年后也就是1911年，梅兰芳的大儿子大永出生在这座宅子里面。

在鞭子巷头条的宅内，梅兰芳开始有了养鸽子的业余爱好。梅兰芳幼年时身体并不结实，而眼睛又微带近视，眼皮下垂，转动也不灵活。对于戏曲演员而言，眼睛在五官中占据非常重要的位置。观众常常评价，说谁的脸上有表情，谁的脸上不会做戏，其中的区别就在于眼睛及其运用的好坏。因为戏曲演员脸上经常只有一双眼睛是活动的，要通过眼睛传神达意，所以许多好的戏曲演员，都有一双神光四射、精气内敛的好眼睛。当我们看到梅兰芳中晚年的演出剧照或影像时，常常会发现

梅兰芳与大永合影

三、悲欣交集 北芦园胡同9号故居、鞭子巷头条故居与鞭子巷三条故居

梅兰芳有着一双会说话的眼睛。其实,他幼年时眼睛上的毛病,恰恰就是通过养鸽子、训鸽子治好的。梅兰芳在《舞台生活四十年》中较为详细地讲述了当年养鸽子的情况。梅兰芳在十七岁的时候,偶然养了几对鸽子,起初也是为玩,拿着当一种业余游戏。后来渐渐产生兴趣,每天就抽出一部分时间来照料鸽子,十多年都没有间断过。梅兰芳认为养鸽子对自己的身体有莫大的好处。第一,养鸽子的人首先要起得早,因此能够呼吸新鲜空气,自然对肺部就有了益处;第二,鸽子飞得高,眼睛老随着鸽子望,越望越远,天天这样做,梅兰芳自己的眼睛不知不觉间被治过来了;第三,手上拿着很粗的竹竿来指挥鸽子,要靠两个膀子的劲头,这样经常不断地挥舞着,臂力不断增加,逐渐对于全身肌肉的发达也起到了很大的帮助作用。

梅兰芳与大永合影

三、悲欣交集 北芦草园胡同9号故居、鞭子巷头条故居与鞭子巷三条故居

民国元年（1912年），梅兰芳全家又移居到鞭子巷三条（今锦绣三条26号，现为天坛派出所），这是一所普通平常的小四合院，寓所原坐北朝南（现从南房西侧开门）。该院北房为上，共五间，左首两间为其祖母卧室，右首两间为其伯父、伯母带着两位当时未出阁的妹妹居住。因其祖母喜欢看经念佛，故当中一间设为佛堂，每日以此消磨她的暮年岁月，闲时她常替孙辈做活，缝缝补补。院内东西厢房各三间，梅兰芳夫妇住左面的西房，东屋为厨房、饭厅，其隔壁为鸽子棚。外面靠大门的倒座（北方四合院中对着上房的屋子被称为倒座）南房三间，两间为客厅，一间为书房，开间都较小。迁居此处不久，伯父梅雨田便将银钱来往、日常用度的账本交付梅兰芳，从此梅兰芳开始掌家。而梅雨田在这年的秋季病故于这座院落

王凤卿与梅兰芳合演《汾河湾》

三、悲欣交集 北芦园胡同9号故居、鞭子巷头条故居与鞭子巷三条故居

中,自此梅家的千斤重担便一直落在了梅兰芳身上。也就在这一年,梅兰芳与齐如山通过信件往来得以结识,随后两年多的时间里,齐如山给梅兰芳写信百余封,对梅兰芳的艺术提出了很多意见,后来二人成为莫逆,互相尊重。

1913年,梅兰芳的女儿五十出生于鞭子巷三条宅中。此时的梅兰芳儿女双全,事业上也逐渐进入大班主要演员的行列,开始有叫座能力。这年的秋天,在王凤卿的提携下,梅兰芳以二牌旦角的身份赴沪演于丹桂第一台,首次出远门的梅兰芳年近二十岁,由其伯母陪同照顾。除王梅二人合演《武家坡》《朱砂痣》等生旦"对儿戏"外,也单演了《彩楼配》《玉堂春》等剧目,并在王凤卿的提议下,首次担演大轴

《朱砂痣》剧照，王凤卿饰韩廷凤

戏《穆柯寨》。梅兰芳第一次演扎靠戏，效果甚佳，大受欢迎，因而又动意排演头本《虹霓关》，与二本《虹霓关》连演。此时正巧王蕙芳来沪小游，受邀为梅兰芳排了头本《虹霓关》。梅兰芳这种头本东方氏、二本丫鬟的演法非常新颖，很受欢迎，为日后诸多旦角演员所效仿。可以说从此开创了京剧舞台上"一赶二""一赶三"的演法的先例。一个月后原本演出合同期满，但在剧院经理许少卿的盛邀下，又继续演出半个月。梅兰芳为期四十五天的第一次赴沪演出使得他身价倍增，载誉返京遽然成为头牌旦角演员。

赴沪演出离家近两个月的梅兰芳思念亲人，归心似箭，回到鞭子巷三条的寓所后，更是感受到了"祖母倚间，稚子候门"的况味。当全家人聚在祖母的房中围坐

头本《虹霓关》剧照，
梅兰芳饰东方氏，路三宝饰王伯党

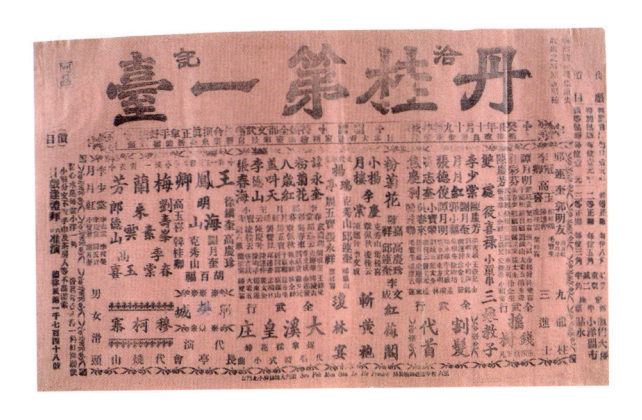

梅兰芳第一次演大轴戏《穆柯寨》的戏单

一起吃饭时,大家都问梅兰芳上海的风俗景物,十里洋场的奢靡繁华引得大家不住赞叹。这时祖母看在眼里,对梅兰芳说道:"咱们这一行,就是凭自己的能耐挣钱,一样可以成家立业。看着别人有钱有势,吃穿享用,可千万别眼红。常言说得好,'勤俭才能兴家',你爷爷一辈子帮别人的忙,照应同行,给咱们这行争了气。可是自己非常俭朴,从不浪费有用的金钱。你要学你爷爷的会花钱,也要学他省钱的俭德。我们这一行的人成了

梅兰芳与祖母陈太夫人

角儿,钱来得太容易,就胡花乱用,糟蹋身体。等到渐渐衰落下去,难免挨饿受冻。像上海那样繁华的地方,我听到有许多角儿,都毁在那里。你第一次去就唱红了,以后短不了有人来约你,你可得自己有把握,别沾染上一套吃喝嫖赌的习气,这是你一辈子的事,千万要记住我今天的几句话。"祖母这一番训诫,令梅兰芳心里感动得几乎流下泪来,从此这些话深深刻印在脑海里,成为他一生立身处世的指南。

随后的几年,梅兰芳的演出事业蒸蒸日上,身边也慢慢聚集起一批喜爱并热心帮助他的朋友。第一次赴沪演出成功后的梅兰芳回到北京后,受到了海派文化的熏陶,开始了时装新戏的创作尝试,由此在偏于传统的京城中很快形成一种编演新戏的风潮。1914年末到1915年初，第二次赴沪演出归来的梅兰芳在演出受欢迎度与上座号召力上已经超越了素有"伶界大王"美誉的老一辈艺人谭鑫培。可以说，从此京剧的梅兰芳时代正式开启了。

然而事业上日益成功的梅兰芳，却在鞭子巷三条的宅中遭遇了人生的又一次大变故。妻子王明华为了更好地照顾梅兰芳的生活，帮助他演出事业的发展，在儿子大永和女儿五十相继出生之后，毅然做了绝育手术。谁料1915年梅兰芳的儿子大永在鞭子巷三条宅中夭折，1916年女儿五十又于此亡故。痛失儿女的梅兰芳极度伤感。不久，梅兰芳便离开了这个伤心地，迁居到同属于崇文区的第四处居所青云胡同29号。

三、悲欣交集 北芦草园胡同9号故居、鞭子巷头条故居与鞭子巷三条故居

谭鑫培、杨小楼《阳平关》

梅兰芳与童年的王幼卿、王少卿合影

四、青云直上

青云胡同 29 号故居

1916年,梅兰芳以两千多两银子的价格典了前门外芦草园的一所房子,也就是现今的青云胡同29号故居。青云胡同北起西兴隆街,南至南芦草园胡同,原名庆云巷、庆云大院,因"在大小崇真观与北芦草园之间有庆云庵"而得名。1965年庆云大院、十间楼并入,被定名为青云胡同。青云胡同位于原崇文区西北部,长280米,宽

1.5 米，南北走向，现地处正阳门大街东侧。青云胡同 29 号为东、西两所打通的并列四合院，两院格局相同。街门设在东院，倒座南房面阔五间，东侧间辟为门道，街门面向南开，横楣上方为精致砖雕花纹。门外立青石门墩一对，因地基高，门外置有数层青条石台阶。通过门道西行，两厢房南山墙间置有障墙，将南房隔于外院，步入屏门所见为一木制影壁，里院东、西厢房各为两间，今仍保持老式的窗格子。北房为上，面阔五间带前廊。通过北房前可通西院，南、北房亦各为五间，均与东院房并连，北房亦带前廊。东、西厢房与东院相通。于西房南侧建有街门，此门平时不开，临街为高庙胡同（今为长巷五条 30 号）。如今两院隔断，东院原朝南的大门道已改为民房，另于东墙开辟街门，原木制街门与石门墩移此。原院内方砖与屏门、影壁早已不见，今为居民大杂院。

四、青云直上 青云胡同 29 号故居

梅兰芳曾较为详细地描述这座住宅当年的情形:"那比鞭子巷三条的旧居是要宽敞多了。它是两所四合房合并起来,在里面打通的。上房是十间,南房也是十间。南房这部分除了一间是大门洞,一间是门房,在紧里边靠墙是堆杂物的一间之外,其余的七间:外面的三间打通了,是我的客厅;里面的四间也打通了,是我用来吊嗓、排戏、读书、画画的地方,我们都叫它书房。有些熟不拘礼的朋友,和本界的同人来了,就在这一大间书房里谈话。"

自从住进青云胡同 29 号这座宅院,梅兰芳的业余文化生活也逐渐开始丰富起来。他与冯幼伟、齐如山、樊樊山、舒石父、李释堪、罗瘿公、齐白石、徐悲鸿、王梦白等一批文人雅士,常在这座宅院的书房中吟诗作画,而"缀玉轩"的斋名便出自这座宅院。梅兰芳一生的斋名很

多，有缀玉轩、梅花诗屋、艺学轩、簪红别馆、宝岳楼等，其中最早使用和名气最大的便是缀玉轩。据说，这个斋名是罗瘿公为梅兰芳所起，来源于宋代词人姜白石的【暗香】【疏影】二调，内有"苔枝缀玉"四字，罗瘿公拈出"缀玉"二字作为学书画、谈文艺小集之处。

梅兰芳学习绘画也是始于住在青云胡同29号居所这个时期。《舞台生活四十年》记载，梅兰芳大致在1915年前后开启学画生涯，直接诱因是梅兰芳戏曲声望日隆后交游的扩展。自1913年10月，接受上海丹桂第一台老板许少卿之邀赴沪演出起，梅兰芳分别又于1914年末至1915年初、1916年末前往上海，三度赴沪，极大地拓展了他的艺术影响力。此时与梅往来者多为南方名流，其中不乏书坛画坛的文人墨客。当中，吴

四、青云直上 青云胡同29号故居

李释堪题写的"缀玉轩"斋名

昌硕为海派绘画巨擘,梅兰芳与其结为忘年交,当时吴昌硕赠给梅兰芳一副梅花图,梅兰芳极为欣赏,从此对绘画萌发了极大兴趣。返京之后,梅兰芳并未立即从师习画,而是时常拿出家中墨宝临摹展玩。得益于其祖辈父辈所积累的书香渊源,当时梅府的古代书画收藏已经颇为可观,包括元代赵孟頫,明代张宏,清代恽冰、翁方纲、金农、董邦达、董诰、王宸、汪昉、钱杜、骆绮兰等人的画作均有所收藏。

一次，罗瘿公来到梅兰芳家中的书房，见他正在临摹学画，便对梅兰芳说："你对于画画的兴致那么高，何不请一位先生来指点指点？"梅兰芳便央请罗瘿公为其介绍一位老师。经罗瘿公介绍，梅兰芳拜师王梦白，开始正式学画。当时，梅兰芳随王梦白习绘梅花，每周数次亲往寓所求学，观察王梦白下笔方法与用腕力度，揣摩布局结构，琢磨用墨调色，对临示范。因随王梦白学画，梅兰芳认识了更多名画家，如陈师曾、金拱北、姚茫父、吴湖帆、陈半丁、齐白石、徐悲鸿等。之后梅兰芳与画坛交游不绝，留下了很多绘画作品。

在青云胡同29号的宅院中，除了学习绘画，种植牵牛花也是梅兰芳的业余文化生活爱好之一。1916年初夏的一个清早，梅兰芳去拜访齐如山，在其院中看见了几

四、青云直上 青云胡同29号故居

1920年梅兰芳生日,姚茫父、王梦白、陈师曾、齐白石、罗瘿公合绘花鸟图

种颜色非常别致的牵牛花，在别处从未见过，各种混合的颜色将整个院子装扮得五光十色。梅兰芳非常感兴趣，遂向齐如山请教。回来后梅兰芳便开始研究种植牵牛花。经过几年的探索，梅兰芳成功地改造了三四十种牵牛花的好种子。从梅兰芳发现养牵牛花有种种益处以后，好些朋友也纷纷对此有了兴致。舒石父、陈嘉梁都陆续参加了养牵牛花的这个团体。各人先是在家里努力改造新的种子，遇到没有见过的颜色，十分美丽的图案，特别肥大的花朵，就邀请同好们欣赏把玩，并且把这个新种子分送给大家。一群人就这样相互观摩，共同研究，兴趣不断提高。每逢盛暑，这班养花的朋友见面谈话，三句离不开牵牛花，也可以看出他们对养牵牛花这一爱好的热情了。他们除了相互观摩，交换新种之外，也常举行一种不公开的汇展。这纯粹是友谊性质的比赛，大家预

四、青云直上 青云胡同 29 号故居

梅兰芳《花卉》

先约定一个日子，比赛在这些养花同好的家里轮流举行。有时还约上几位不养花的朋友，请他们来充当临时的评判员。曾经有两次他们指出了几盆认为最优等的花，都是由梅兰芳出品的，梅兰芳在旁边瞧了，真是高兴极了。

这许多文艺界的前辈们，来自南北不同的省份。这里面要数齐白石的年纪最大。每逢牵牛花盛开，他总要来欣赏几回。他的胡子留得长长的，银须飘逸，站在这五彩缤纷的花丛里边，更显得白发红颜，相映成趣。大伙看了都说这是天然一幅好图画，这也成为当年梅兰芳的"缀玉轩"里的一段佳话。

说到齐白石，梅兰芳与其最初的交往便是在这座宅院中。梅兰芳与齐白石初识是在20世纪20年代初，当

四、青云直上 青云胡同 29 号故居

梅兰芳与齐白石、汪蔼士、欧阳予倩合影

时刚到北平的齐白石画名尚不显著,而梅兰芳已是誉满京华的京剧名角。1920年秋天,齐白石经好友齐如山引荐,到前门外北芦草园拜访梅兰芳,梅兰芳在他的书斋"缀玉轩"接待了齐白石等人。齐白石在回忆录中曾经描写过他和梅兰芳初次见面的情景。民国九年(1920年),齐白石五十八岁。"我跟梅兰芳认识,就在那一年的下半年。记得是在九月初的一天,齐如山来约我同去的。兰芳性情温和,礼貌周到,可以说是恂恂儒雅。那时他住在前门外北芦草园,他书斋名'缀玉轩',布置得很讲究。他家里种了不少花木,光是牵牛花就有百来种样式,有的开着碗般大的花朵,真是见所未见,从此我也画上了此花。当天兰芳叫我画草虫给他看,亲自给我磨墨理纸,画完了,他唱了一段《贵妃醉酒》,非常动听。"自那以后每逢缀玉轩牵牛花期,齐白石都频

四、青云直上 青云胡同 29 号故居

梅兰芳与齐白石合影（1955 年）

频前来观赏写生,题画诗中"百本牵牛花碗大,三年无梦到梅家"即是记缀玉轩中所见。梅兰芳敬佩齐白石草虫之画技,1924年正式拜齐白石为师。

齐白石的回忆录中还记录了这样一段往事。有一次,齐白石到一个大官家去应酬,满座都是达官贵人,他们看齐白石衣服穿得平常,又无熟友周旋,谁都不来理睬。齐白石窘了半天,自悔不该贸然而来,讨此没趣。想不到梅兰芳来了,他对齐白石很恭敬地寒暄了一阵,座客大为惊讶,才有人来和齐白石敷衍,齐白石的面子总算圆了回来。事后,齐白石特意画了一幅《雪中送炭图》送给梅兰芳,并题了一诗,有句说"而今沦落长安市,幸有梅郎识姓名"。梅兰芳收到画和诗,也很感慨,他以为学生敬师乃天经地义,却蒙齐白石如此感激,心中

四、青云直上 青云胡同 29 号故居

不安,也给齐白石回了一首诗:"师传画艺情谊深,学生怎能忘师恩。世态炎凉虽如此,吾敬我师是本分。"

中华人民共和国成立后,梅兰芳回到北京任职,齐白石也同样担任国家文化机构的一些职务,两人见面交往的机会就多了。1955 年梅兰芳在北京演出,他邀请齐白石观剧,齐白石乘兴到剧场后台与梅兰芳交谈,这时摄影师李维明突发奇想,拿起手中的摄影机为两位艺术大师合影,把他们的艺苑盛事永远地定格在中国文化史上。当我们看到两位艺术家的这张合影时,品味梅兰芳尊师重教的一件件往事,很难不为之动容。我们能从中深刻地意识到,一位艺术大师的形成,不仅仅局限在其艺术创作与成就方面,更在于其为人处世的品德高尚、眼界开阔与心胸格局。

无量大人胡同梅宅内部图景

五、人文荟萃

无量大人胡同 5 号故居

1923 年前后，年近三十岁的梅兰芳搬入自己购买的无量大人胡同 5 号院。无量大人胡同位于米市大街东侧，明代称"吴良大人胡同"；清代因胡同内有一座无量庵，遂称"无量大人胡同"；1965 年改称"红星胡同"。吴良乃朱元璋手下的悍将。传说朱元璋攻打元大都前，派吴良化装进城刺探军情，不料被发现，便钻进一条胡同。后来吴良在一高人指点下逃出大都。为感恩高人，吴良遂在该胡同建起一座庙，故有了吴良大人胡同。又据《京师坊巷志稿》载，京师寅宾坊有无量寿庵，是孝子屠文正为祭奠其母所造，今无量大人胡同即无量寿庵故址。然而清乾隆四十七年（1782年）的《钦定日下旧闻考》纠正说："元时太庙门外驰道抵齐化门之通衢。无量庵在太庙之西……无量庵今废，齐化门南有无量大胡同，相传即其故址，而地界不合。"这里所说的元时太庙位于现今朝阳门内大街223号，即俗称"三官庙"的大慈延福宫所在位置，无量寿庵在太庙西边，与东南方向的无量大人胡同确实"地界不合"，所以无量寿庵与无量大人是两码事。所以，《日下旧闻考》又说，无量大人胡同"以坊巷胡同集考之，盖名吴良大人胡同而

五、人文荟萃 无量大人胡同5号故居

无量大人胡同梅宅
内部图景

人生舞台——梅兰芳故居

无量大人胡同梅宅
内部图景

五、人文荟萃 无量大人胡同5号故居

无量大人胡同梅宅
内部图景

人生舞台——梅兰芳故居

梅兰芳在无量大人胡同
梅宅中

五、人文荟萃 无量大人胡同5号故居

梅兰芳在无量大人胡同
梅宅中

人生舞台——梅兰芳故居

梅兰芳在无量大人胡同
梅宅中

五、人文荟萃 无量大人胡同 5 号故居

梅兰芳、王明华在无量大人胡同梅宅中

后人附会之耳"。无量大人胡同的名称来源纷说不一，但其却实实在在因为是"伶界名人梅兰芳宅"，自民国时期便闻名遐迩。

其实在梅兰芳众多故居中，真正属于梅兰芳购买而归入名下并长期居住的仅仅只有这座无量大人胡同5号院的豪宅。此宅为一秀丽纤巧的多层院落打通的豪华大宅，坐北朝南，由两所四合院连为一体，占地颇广，据说由大大小小七个院落构成。该宅院建有游廊、假山、花园、荷花池，内中还有一座在当时颇显新颖的洋楼，中式传统四合院插建洋楼也算是中西合璧、匠心独具。但是这座梅宅的名气之大，却并不仅仅根源于其豪华，而是随着居住在其中的梅兰芳声名日隆，并带着中国戏曲艺术先后访日与访美，产生了广泛的

梅兰芳在无量大人胡同故居接待日本天华魔术团长留影

世界级影响，中外的文人雅士、艺术家、政客官员等纷纷以造访这座梅宅为荣。当时到访北京城内的外国人士有三项必做的活动，"游故宫、登长城、访梅宅"，而这里说的梅宅即是无量大人胡同5号的宅院。据说梅兰芳那些年接待过国外各界人士多达六七千人，其中就有印度大诗人泰戈尔、美国好莱坞影帝范朋克、意大利女歌唱家嘉丽·古契、日本著名歌舞伎表演艺术家守田勘弥、美国著名舞蹈家罗丝·丹尼丝和泰德·萧恩夫妇以及当时的瑞典王储古斯塔夫六世夫妇、美国总统威尔逊的夫人等众多国际名流。

梅兰芳的儿媳屠珍曾在《京城艺术沙龙》一文中写道："无量大人胡同内梅先生的客厅'缀玉轩'成为人文荟萃的地方，真可说是京城一处'艺术沙龙'。梅先

五、人文荟萃 无量大人胡同 5 号故居

梅兰芳（二排左九）在寓所接待外宾，
图为茶话会后合影

人生舞台——梅兰芳故居

梅兰芳（左六）在北京寓所接待英国驻华公使，冯耿光等陪同

五、人文荟萃 无量大人胡同 5 号故居

梅兰芳在北京与夫人福芝芳等接待美国影星范朋克（化装为武松）

梅兰芳与化装为武松的范朋克

生的文学修养和历史知识,就是在众多友人谈文论艺、臧否人物、上下古今、无所不及的氛围中,得到了熏陶和提高。"而这种交往大多是私人接待,梅兰芳通常为自费开支,连女佣张妈都向梅夫人开起了玩笑:"梅大爷每次花那么多钱开茶会招待洋人,我看早晚会让他们给吃穷了!"

与外国人士的频频交往,一方面使无量大人胡同的梅宅成为世界了解中国戏曲艺术的一个"开放的舞台"。当年的美国驻华商务参赞裘林·阿诺德曾经深情地回忆:"过去十年或二十年旅居北京的外籍人士,满意地注意到梅兰芳乐于尽力在外国观众中推广中国的戏剧……在教育外国观众如何更好地欣赏中国戏剧表演这方面所尽的力量,也许同样可以使他感到自豪……他在帮助西方人士如何更好地欣赏中国文化艺术方面所尽的一切力量，都有助于东西方之间的相互了解。"梅兰芳的努力也为他赢得了"民间的文化外交部长"的赞誉，与张少帅和顾维钧一起被外国人士列为心目中的"中国的成功杰出青年"。另一方面，这种中西人文的交汇也为梅兰芳推开了从胡同看世界的窗口，直接触动了1930年梅兰芳访美的最初动机。

在梅兰芳接待外国友人的文化事件中，1924年印度诗人泰戈尔与梅兰芳的交往值得一说。1924年5月，泰戈尔应邀来华讲学。以梁启超、林徽因为首的京都文化艺术界的朋友们在东单三条"协和礼堂"举行盛会，欢迎泰戈尔一行，并在泰翁有意选择的5月7日陪他在中国度过自己64岁的寿诞日，泰翁观看了中国

五、人文荟萃 无量大人胡同 5 号故居

梅兰芳夫妇在无量大人胡同寓所
接待美国前总统威尔逊的夫人

1924年印度大诗人泰戈尔来华访问时与梅兰芳会见，并在观看梅剧后亲笔题词相赠的团扇

五、人文荟萃 无量大人胡同 5 号故居

朋友们排演的泰翁所写的名剧《齐德拉》。泰戈尔拈须微笑,一边观看中国朋友用英语演出的话剧,一边徐徐扇着一柄中国的团扇,对陪他看戏的梅兰芳说:"我希望在离开北京之前,看到你的戏。"梅兰芳答道:"因为您的演讲日程已经排定,我定于 5 月 19 日请您看我新排的神话剧《洛神》,希望得到您的指教。"那年 5 月天气很热,那柄团扇是梅兰芳拿给泰戈尔扇凉的。5 月 19 日在开明戏院(现珠市口的民主剧场),泰戈尔与同来的难达婆薮等,高兴地观看了演出。泰翁在演出后亲自到后台向梅道谢:"我看了这个戏很愉快,有些感想,明日面谈。"

5 月 20 日中午,梅兰芳、梁启超、姚茫父等设宴为泰戈尔一行饯别。席间,泰翁谈了自己对演出的看法:

"这个美丽的神话诗剧,应该从各方面来体现伟大诗人的想象力……布景色彩宜用红、绿、黄、黑、紫等重色,应创造出人间不经见的奇峰、怪石、瑶草、琪花,并勾勒金银线框来烘托神话气氛。"泰戈尔还高兴地对梁启超讲:"我看了《洛神》正在酝酿一首小诗,送给梅。"他凝神构思了一会儿,用中国的笔墨细书,写在了这柄团扇上。写好孟加拉文后又用英文译写了一遍,然后签名、落款,郑重地送给了梅兰芳。晚间梅兰芳为泰翁送别,泰翁紧紧握着他的手说:"我希望你带剧团到印度来,使印度观众能够有机会欣赏你的优美艺术。"

后来,梅兰芳为纪念泰戈尔百年诞辰,特意找出珍藏的团扇,请中国科学院的吴晓铃、石真两位精通印度、孟加拉文化的专家一同推敲泰戈尔诗中的精神、

五、人文荟萃 无量大人胡同5号故居

含义。石真教授曾在泰翁创建的印度国际大学泰戈尔研究所工作过五年,是研究泰戈尔文学的专家。石真教授说:"泰翁对我们的古典诗歌是十分称赞的,诗人虽然不懂汉语,但是他读了不少英语翻译的屈原、李白、杜甫和白居易的诗篇,并且时常在著作和讲话里征引,这首短诗的意境,便很有中国风味。他非常形象地用云雾中的峰峦起伏来描述他所热爱而又语言不通的国家的艺术家那种纱袂飘扬、神光离合的印象,他感受到美,但又不十分了解戏中所包含的复杂的感情和心理状态。"她认为诗人似乎有意识地选择这样的形式,并在这首诗的写作方法上,尽量让它接近中国风格。石真当时还把这首诗译成现代汉语:"亲爱的,你用我不懂的语言的面纱遮盖着你的容颜;正像那遥望如同一脉被缥缈的云霞水雾笼罩着的峰峦。"

1924年随印度诗人泰戈尔访问的印度著名画家难达婆薮
在观看梅兰芳演出《洛神》后,绘制大型油画相赠

大幅的《洛神》油画像是1924年难达婆薮随泰翁访华时，在观看了梅兰芳《洛神》一剧的演出后，只凭这一晚上的印象为梅兰芳所作，回国后才赠送给梅兰芳的，这是一幅用中西结合画法绘制的巨幅油画。

难达婆薮是印度艺术复兴运动的先锋、孟加拉画派的创始人泰戈尔的侄子(年龄比泰翁大)阿伯宁·泰戈尔的继承人。由于他后来支持了印度民族英雄甘地的革命事业，他的名誉地位甚至超过了他的老师，被称为"画圣"。难达婆薮先生当时是泰戈尔创办的印度国际大学中艺术学院的院长，泰戈尔先生所著的书，装帧、插画大都出自他手，难达婆薮先生对中国画很有兴趣，他的画从线条以及形体的描绘，吸收了我国石窟佛雕、壁画的精华。

其实当晚的宴席上，难达婆薮曾当场作画一幅赠予梅兰芳。梅兰芳在《忆泰戈尔》一文中曾说道："饭后，我向难达婆薮先生求画，他欣然命笔，对客挥毫，用中国毛笔在槟榔笺上画了一幅水墨画送给我，内容是古树林中，一佛跌坐蒲团，淡墨轻烟，气韵沉古。"后来泰戈尔用过并在上面亲笔题诗的团扇和印度画圣难达婆薮的大幅作品《洛神》这两件珍贵的文物，随着梅兰芳入住护国寺街9号居所而永久地保存在了那里。它们记录并见证了近百年前，泰戈尔与梅兰芳一段友好的往事。

除了中外文豪，各国政要也是无量大人胡同5号这座宅院中的常客，瑞典王储古斯塔夫六世夫妇就曾是其中的一例。1926年10月，瑞典王储与王妃游历东方，来到中国北平。王储夫妇在游历日本时，便听闻日方盛

五、人文荟萃 无量大人胡同5号故居

梅兰芳夫妇在无量大人胡同寓所
接待美国前总统威尔逊夫人

赞梅兰芳及其表演艺术，被推崇为"东方名伶独步"，于是到中国后便照会当时的中华民国政府外交部，希望能与梅兰芳进行会晤并要求观看梅兰芳的表演。外交部派专员与梅兰芳进行商议，决定在梅兰芳当时住所的"缀玉轩"大客厅接待瑞典王储夫妇及随行人员，并开辟使用西院正房五间，其中两间为演出戏台，另外三间为看戏及提供茶点的场所。

会晤当天，梅宅"缀玉轩"游廊挂满了各式的纱灯，灯火辉煌。10月27日晚上九点半，在中华民国政府外交部驻瑞典公使戴陈霖的陪同下，王储夫妇到达梅宅，梅兰芳在内院门口迎接众贵宾，相互问候寒暄后，进入大客厅中进行会晤。随后，梅兰芳为来宾们演出了《琴挑》《霸王别姬》两出折子戏。瑞典王储夫妇对梅

五、人文荟萃 无量大人胡同 5 号故居

兰芳的表演艺术称赏不已。王妃为英国人，当听说英国欲邀约梅兰芳赴伦敦演剧，极力表示将为梅兰芳赴英演出疏通中英各方，以促成此事。梅兰芳与瑞典王储夫妇及随行人员等主宾相谈甚欢，直至深夜一点方告结束。而当时的新闻媒体对这次会晤也给予了极大的关注，前后数天都有相关的跟踪报道。

1932年梅兰芳离京赴沪，离开自己这座心爱的宅院后便再未入住过。1943年前后又因为民族气节而"蓄须明志"，没有演出收入来源的梅兰芳不得不靠变卖家产来勉强度日，而这座宅院也因此而出售给他人。中华人民共和国成立后，梅兰芳本有机会重新回到这座宅院中，却主动放弃了。最为可惜的是，这座饱含梅兰芳印记的宅院在21世纪的城市改造中已完全消失，不能说不是一种历史的遗憾。

梅兰芳当年在北京护国寺街甲1号住宅的大门

六、精神圣地

护国寺街 9 号故居

1949年6月24日,梅兰芳应邀离沪北上,作为南方代表团第二团代表参加即将在北平召开的中华全国文学艺术工作者第一次代表大会。会议期间,周恩来专程看望梅兰芳,在谈话中提出希望梅兰芳能够到北平工作,主持当时即将成立的中国戏曲研究院。而关于在北平工作期间的住房问题,周恩来表示梅兰芳可以住回无

梅兰芳抵京后在护国寺住宅院落

六、精神圣地 护国寺街9号故居

量大人胡同的旧居。对此,梅兰芳表示同意回北平工作,但在住宅问题上,经过深思熟虑,梅兰芳认为无量大人胡同旧居已经卖予他人,不能依靠政府力量强占,并通过阿英向周恩来转达了自己的想法。周恩来尊重梅兰芳的意见,遂安排政务院管理局为梅兰芳寻找住宅。政务院管理局预选了三处房子,并委派申伯纯陪同梅兰芳去看房。最先被查看的是当时位于护国寺街甲1号(现为护国寺街9号梅兰芳纪念馆)的四合院,梅兰芳一眼看中,当即就拍板选定。至此,这座四合院也就成为梅兰芳晚年生活的住宅,开始与梅兰芳这个名字紧密地联系在一起。

现为梅兰芳纪念馆的这座四合院所在区域,在清末时期原为庆王府的马厩。民国时期才开始真正在这块土地上修建传统的四合院。一般而言,四合院大门的等级分别为广亮大门、金柱大门、蛮子门、如意门等,而这座四合院在修建之始,就使用了较高等级的金柱大门,且整个四合院的进深与宽度也比一般的二进院落宽绰一些,显示出中等以上规模的四合院规划建制。

这座四合院建成于1944年,包含大门、南房、垂花门、北房以及东西厢房,建成后归国民党禁烟总局使用,后来又成为国民党军队的军官宿舍。1950年上半年,梅兰芳正式入住这座四合院。到了下半年,其家属、子女等也陆续从上海迁回,住进了该院。在梅兰芳入住的时候,这座院子实际上是一座三合院,因为原先的南房在梅兰芳入住之前已经被拆掉而尚未重建。

梅兰芳在北京护国寺寓所客厅

梅兰芳在北京护国寺寓所院内练习舞剑

考虑到入住该院的家人人口增多，梅兰芳决定重建南房，增建西房和后罩房，并由当时刚从上海震旦大学建筑系毕业的四子梅葆琛主持四合院的修建。此后，梅兰芳在这座四合院中度过了他最后的晚年生活，直至去世。在这里，他与家人共享天伦之乐；在这里，他常常给子女和弟子们说戏和指导身段。

梅兰芳在北京护国寺寓所院内与武术教师练功

人生舞台——梅兰芳故居

梅兰芳与孙儿嬉玩

六、精神圣地 护国寺街9号故居

梅兰芳在北京护国寺寓所院内看孙辈游戏

人生舞台——梅兰芳故居

梅兰芳教女儿梅葆玥练功

六、精神圣地 护国寺街9号故居

梅兰芳与女儿梅葆玥翻阅戏剧图书

人生舞台——梅兰芳故居

梅葆玥、梅葆玖在练功

六、精神圣地 护国寺街9号故居

1957年夏,为庆祝北方昆曲剧院成立,梅兰芳与韩世昌合作演出《游园惊梦》。为了达到良好的演出效果,两位表演艺术家在这所宅院里反复排练,直至深夜。1959年,为庆祝中华人民共和国成立十周年,梅兰芳编演了自己最后一出名剧《穆桂英挂帅》,而编创该剧的地点也正是这座四合院。除此之外,梅兰芳还在这座住所中接待了众多的国内外友人,如粤剧表演艺术家红线女、法国著名演员吉拉德·菲利普夫妇等。也正是在这座宅院居住期间,梅兰芳带领他的梅剧团辛勤而执着地四处巡演,将他的艺术传播到全国的许多城市与世界上的许多国家。而这种巡演常常是长达数月,每当风尘仆仆地从外地归来,这座宅院总会亮起温暖的灯光,舒缓其主人略感劳累的身心。可以说,这座院落一直是梅兰芳生命中最后十余年的日

人生舞台——梅兰芳故居

梅兰芳纪念馆大门

六、精神圣地 护国寺街9号故居

常生活、艺术创作以及社会交往等最为忠实的见证者、陪伴者与抚慰者。

1961年8月8日,梅兰芳因病在北京逝世,受到了毛泽东主席和周恩来总理给予的特殊礼遇,组织了包含国葬、修墓、建纪念馆、保留故居等在内的十项纪念活动。根据周恩来总理的指示,拟在北京香山梅兰芳墓旁修建一座梅兰芳纪念馆。为此,国务院拨付四十万元专款,由时任文化部副部长的齐燕铭主持纪念馆修建事宜。但纪念馆修建工程尚在筹划、设计阶段时,"文化大革命"开始,梅兰芳受到了批判,纪念馆修建工程也随之搁置。1983年12月,经国家有关部门批准,梅兰芳纪念馆项目重新启动,并专门成立了"梅兰芳纪念馆"筹备组,由原文化部艺术局马彦祥主持,梅兰芳之

梅兰芳纪念馆内景

六、精神圣地 护国寺街9号故居

子梅绍武、儿媳屠珍协助,修改了原纪念馆的修建方案,决定将梅兰芳曾居住过的北京市西城区护国寺街甲1号四合院,按照梅兰芳居住时的原样进行修复后辟为"梅兰芳纪念馆",隶属文化部。

在梅兰芳去世后的1968年,其家属、秘书先后被迫搬离该四合院,这里成为中国京剧院单身演员宿舍,后此院又成为北京955兵工厂的招待所。鉴于此,1984年国家拨付八十万元将该院买回,同时又拨付二十五万元用于该院的修缮,并聘请专人指导该院的修复工作,以求"修旧如旧",恢复原貌。1985年12月,该四合院修复完毕并通过验收,基本恢复了梅兰芳生前居住时的原貌。1986年10月27日,梅兰芳故居与梅兰芳纪念馆名归一处,并正式对外开放。之后,

人生舞台——梅兰芳故居

梅兰芳纪念馆里海棠依旧

六、精神圣地 护国寺街9号故居

梅兰芳纪念馆便成为北京的一个新景点,成为众多喜爱梅兰芳艺术的国内外游客的必到之地,也成为人们追忆缅怀梅兰芳及其艺术精神的一处圣地。开放至今,梅兰芳纪念馆已累计接待游客观众一千多万人次,成为宣传梅兰芳及其表演艺术的中心之一。

现今走近这座故居,便可见到朱漆大门上首悬挂着邓小平同志亲笔书写的"梅兰芳纪念馆"馆名匾额。一进大门,迎面是青砖灰瓦的大影壁,安放着梅兰芳的汉白玉半身塑像,表情安静闲适。这座两进院落的四合院,由中间的垂花门将外院和内院分隔开,外院垂花门两侧分别植有一"春"(椿树)一"秋"(楸树)两棵大树,内宅由三间正房、两间耳房、东西厢房组成。在屏门内小影壁前,摆有四个石质刻花小圆墩和一个花岗

人生舞台——梅兰芳故居

书房一角

六、精神圣地 护国寺街9号故居

石水池。东、西、北房筑有穿廊,红漆圆柱。廊沿上有鲜艳的彩绘。内院有两棵柿子树、两棵海棠树,寓有"事事平安"之意。

目前梅兰芳纪念馆辟有四个展览室:外院南房为"第一陈列室",内院东房为"第二陈列室",内院西房为"第三陈列室",内院北房为"故居陈列室"。原先在南房"第一陈列室"中展出了精选的图片和资料,扼要地介绍了梅兰芳一生的主要艺术生活和社会活动;在东房"第二陈列室"中陈列着梅兰芳使用过的部分戏装、道具及一些馆藏资料,其中有《霸王别姬》中使用过的鱼鳞甲、女风斗篷、如意冠,精致鲜艳,从中可以想见梅兰芳塑造的"芳魂零乱任风飘"的虞姬形象。在这出戏里,梅兰芳在唱腔、舞蹈、服装和舞台灯光设计

人生舞台——梅兰芳故居

梅兰芳纪念馆北屋内景

六、精神圣地 护国寺街9号故居

等方面都倾注了大量心血，是一出成功地将古代历史用戏曲形式反映在舞台上的"梅派"经典剧目。看着这些服饰，脑海中不禁浮现出梅兰芳演绎的或柔美或凄婉的红颜，一颦一笑都牵动着看客，心也随着故事的发展而跌宕起伏；在西房的"第三陈列室"中，展出了梅兰芳表演时所用的戏箱，虽有些破旧，但却显得沉重古朴，展室中还用文字介绍了其表演身段与指法，身段规范美观，将人物的思想感情充分地发挥出来，指法繁复而多样，显示出梅兰芳在京剧旦角艺术中个人创作的丰富性；北房"故居陈列室"的正中为客厅，里间为起居室，东西耳房为卧室和书房。客厅、书房、卧室、起居室的各项陈设均大致保持了梅兰芳生前居住时的原貌。客厅内摆放着梅兰芳使用过的硬木家具及练功用的穿衣镜等，西墙上挂着清代画家沈蓉圃的《同光十三绝》，

人生舞台——梅兰芳故居

梅兰芳纪念馆北屋客厅

六、精神圣地 护国寺街9号故居

客厅的里间是起居室,东耳房是卧室,西耳房是书房,书房靠窗处摆放着大书桌一张,上置文房四宝,桌后的书柜里收藏有大量珍贵手抄剧本,墙上悬挂着齐白石的四条屏绘画作品。通过这些旧物旧景,可以回想梅兰芳当年在这里生活工作的场景。也许是伏案写作绘画,也许是踱步练习身段。为展现梅兰芳在中华人民共和国成立后的艺术生活与社会活动,梅兰芳纪念馆暂时撤换了南房、东西厢房的展览内容,代之以主题为"梅兰芳与新中国"的专题展览,并在中华人民共和国成立七十周年之际隆重推出,引起了广大观众的广泛关注与浓厚兴趣。这便是护国寺街9号故居现在的概貌。

而今的这座宅院虽然历经几次维修与拆改,但大体保持了梅兰芳居住时的基本面貌。实际上,在这座小小的故居中并没有多少特别能引人入胜的美丽风景，但四季的变换使得这座小院散发出一种别致的韵味。有人曾将这种韵味概括为：春梦混沌而明丽，夏景爽洁而幽远，秋心绚烂而雅韵，冬情素淡而和暖，可谓深得其中三昧。其实，无论春夏秋冬，还是朝暮四时，抑或阴晴雨雪，这座宁静的院子风景各有不同。不同的色彩、光线或者声音，令游览者的视觉与听觉感受不断变换着。

其实这座故居中所有景物的背后都有人的故事，当这些景物与追忆往事勾连起来，与其说其美在景物本身，不如说其美更在人的品德、心灵与追求。故居院中的两棵海棠树，是1951年4月3日为纪念中国戏曲研究院（现中国艺术研究院前身）成立，梅兰芳特意让其

六、精神圣地 护国寺街9号故居

服务人员刘德均从护国寺花店买回后种下的,以留作纪念。经过刘德均多年的精心培育,这两棵海棠树长得郁郁葱葱,花季清香扑鼻,秋季硕果累累。后来,刘德均突患疾病入院手术,梅兰芳特意让自己的儿子儿媳到医院看望慰问,嘱咐其安心治病,并缴付了所有医疗费用。谁知刘德均术后因心脏病突发抢救无效去世。得知此事后,梅兰芳悲痛惋惜地站在庭院中,望着刘德均种下的两棵盛开的海棠树,久久凝视,痛惜万分。

其实,梅兰芳不仅对自己的服务工作人员如此,对梅剧团的所有演员、化妆师、服装管理员、头面道具等工作人员,也包括自己的亲朋好友均是如此,始终如一地善待身边人。无论是谁生活拮据了,他都在背后解囊相助。而对于年老体弱的同事或朋友,如有

梅兰芳纪念馆藏红木镶螺钿穿衣镜

六、精神圣地 护国寺街9号故居

时间他总是亲自前往探望，给予安慰，而且在不知不觉中将包好的钱物放在其枕头底下。当年，梅兰芳的老友言简斋年事已高，体弱多病，行走不便，又没有儿女在身边照料。梅兰芳便请言简斋在他自己家中帮忙整理资料，借此资助言简斋生活费用，言简斋才得以雇请保姆照顾生活。这种诚挚待友的事例，对梅兰芳来说可谓不胜枚举。

1961年梅兰芳去世后，其夫人福芝芳在整理梅兰芳遗物时，发现了一个纸包，里面是一叠借款单据。原来这是梅兰芳接济朋友的借据，其款项数量相当可观。梅兰芳从未对任何人讲过，甚至包括其夫人福芝芳。这些往事无不显示出梅兰芳温柔敦厚的品性，这其中既有其祖辈父辈的遗风，也是个人追求道德修养的结果。

如今，两棵海棠树仍静静地矗立在这座院落当中，随着四季的更迭花开花落，却依然挺拔如初，正如同梅兰芳的谦谦君子风度一般。

而故居北屋正中的客厅中有一面两米多高的大穿衣镜，这个穿衣镜在平常人看来，一般认为无非是梅兰芳生前用来整理容装的。其实这个穿衣镜背后还有一段鲜为人知的故事。这个故事与梅兰芳的最后一部经典作品——京剧《穆桂英挂帅》的创作有关。

1953年，梅兰芳在上海看了豫剧名家马金凤演出的经典剧目《挂帅》，便萌生将该剧移植改编成京剧的想法，由自己扮演塑造中老年穆桂英的形象。为此，他虚心向马金凤请教，两人就有关穆桂英的艺术

六、精神圣地 护国寺街9号故居

形象、化妆、服饰等方面的问题，进行了深入的交谈。1959年春，梅兰芳开始与中国京剧院的导演郑亦秋等人共同商讨研究京剧《穆桂英挂帅》的改编与演出。这部戏是梅兰芳在中华人民共和国成立后创演的第一部戏，也是他一生的最后一部戏，当时他已是六十五岁。为了演好这部为国庆十周年献礼的大戏，梅兰芳全身心投入京剧《穆桂英挂帅》的改编排练中。

为了使中年穆桂英的形象更为英姿飒爽，梅兰芳常常陷入一个人专心研究的忘我状态，不时地会站在北屋客厅的大镜子前仔细地琢磨自己的身段，就这样一点点地不断创造与修改，在其他创作者的配合与帮助下，梅兰芳终于完成了京剧《穆桂英挂帅》的创作。

该剧于1959年5月25日在北京人民剧场首演，获得了极大的成功。周恩来总理在看完《穆桂英挂帅》后评价此剧是梅兰芳"舞台生涯四十年的集中表演"，是梅兰芳"老年的代表作"。从此，该剧成为梅兰芳京剧艺术生涯的又一部经典之作，也是他的最后一部经典之作。

在这部剧的创作过程中，其实还有一个插曲。有一次梅兰芳在这面穿衣镜前琢磨表演身段时，突然发现自己的下颌部位不够丰满，担心因此影响穆桂英的形象塑造。于是专门请北京协和医院的口腔科医生制作了一幅假牙来弥补这个缺陷。经过多次实验，一幅符合梅兰芳要求的义齿终于制作成功。在《穆桂英挂帅》的首场演出中，梅兰芳戴上这幅义齿登台演出，

六、精神圣地 护国寺街9号故居

由于梅兰芳在各种表演细节方面的准备相当充分，使得穆桂英的形象塑造更加完美，演出效果令梅兰芳自己也非常满意。

从这面毫不起眼的穿衣镜及其背后的故事中，我们恰恰可以看到，梅兰芳这位表演艺术已达到炉火纯青境界的京剧大师对待艺术创作细节精益求精的不懈努力与追求，也向人们揭示了他扮演塑造的众多舞台形象之所以都如此光彩照人，都是因为其背后蕴含着一位表演艺术家始终如一的匠心精神。

这座故居占地不到一千平方米，但绝非只是一个空空的院落。梅兰芳先生及其家人将多年收藏的历史文物、名人书画、戏曲剧本、演出剧照、往来书信、公务文件等十多类藏品，先后捐献给了国家，现大多数保存于这座故居中，据统计多达三万五千余件。

从文物价值和观赏价值来说，最为珍贵的当属梅兰芳生前收藏的众多名家字画。据统计，故居中所珍藏的历代名家书画作品近千幅，其中不乏书画精品。例如，张宏是明代的杰出画家，是明末吴门画坛的中坚人物，吴中学者尊崇之。

故居中收藏的这张宏的《梅花书屋》，题款"天启乙丑春日写"，可知创作于1625年。这幅作品笔力峭拔、墨色湿润，远处的书屋与近处的梅花层次分明，秋壑深邃，有元人古意。梅花旁边的石面，皴染结合，书屋楼上楼下之人，形神俱佳，散聚得宜，富有生活

六、精神圣地 护国寺街9号故居

张宏《梅花书屋》

气息，也体现出了超凡脱俗的精神境界，画面清新典雅，意境空灵清旷。

金农是清代书画家，扬州八怪之首。梅兰芳纪念馆藏的金农所绘《竹》图，据题款可知，完成于1750年，是其技艺成熟期的作品。"长春之竹"与"不谢之花"，在金农一生的艺术创作中具有象征意义。金农笔下的竹突破了古人"以怒气写竹"的特征，为不喜不怒之竹。

人生舞台——梅兰芳故居

金农《竹》

六、精神圣地 护国寺街9号故居

画中竹影摇动，具有纵向的层次感，用笔奇拙，凝练厚重，较为清瘦而有韵味。竹在他的笔下成了追求永恒思想的象征物，具有超越世相的品貌。

又如吴昌硕的《墨梅》，该画题款"癸亥年十一月为畹华写于丽华酒楼，老缶时年八十"。据题款可知，该书画完成于1923年，当时吴昌硕八十岁，属于其晚年艺术成熟期的作品。《墨梅》是一幅书画作品，体现了吴昌硕"海派"画家的风格。画中的梅花重在气韵与写意，重意而轻实是吴昌硕作为"海派"画家的重要风格之一。图中的墨梅笔力雄浑，尤其枝干朴拙、苍茫、老辣，极具浑圆、雄强的力量感。梅花的墨色或浓或淡，用篆书笔法画成，刚劲有力。这种以"草篆书"入画，状物不求写实的风格，形成了影响近现代中国画坛的直抒胸襟、酣畅淋漓的"大写意"笔墨形式。而在墨梅左侧的题诗，笔法遒劲，意蕴深远，是一幅墨梅书画的精品之作。

吴湖帆的《山水》，该画题款"雨过天清喜乍晴，农家处处笑盈盈。亩产二十万斤谷，放出人间大卫星。戊戌中秋吴湖帆显题"。可知，该画创作于1968年。吴湖帆是我国现代著名画家，这幅《山水》，画家在继承古人笔法的基础上，借鉴了西方画法，与传统国画风格不同，具有国画与水彩并存的特征。画作以山脚下的树林起势，运用了传统水墨画的特征，中间的白云与山顶的云层，将整体气韵勾勒为一体，连绵不断。其中，山顶的青峰、山间的草屋、山脚的河岸与杨柳借鉴了西方水彩的特征，使得中西方绘画技艺完美融合，不失为一幅佳作。

六、精神圣地 护国寺街9号故居

护国寺街9号故居还收藏有多幅齐白石的画作,如其中的作品《菊》,据题款可知,是为梅兰芳五十岁生日所作,画上有"延年益寿"四字,完成于1943年,时年齐白石83岁。齐白石的彩墨画要比其水墨画更具价值。这幅《菊》的色彩以红绿搭配,对比鲜明,艳而不俗。构图层次有致,别具一格,是其彩墨画作中的佳品。

又如张大千的《桐阴高士》,题款"为畹华先生写"。画中利用梧桐树的象征含义,呈现了中国文化中个体所追求的高尚品德。画风工写结合,重彩、水墨融为一体,尤其是梧桐树的泼墨与泼彩,是其艺术风格的典型特征。

人生舞台——梅兰芳故居

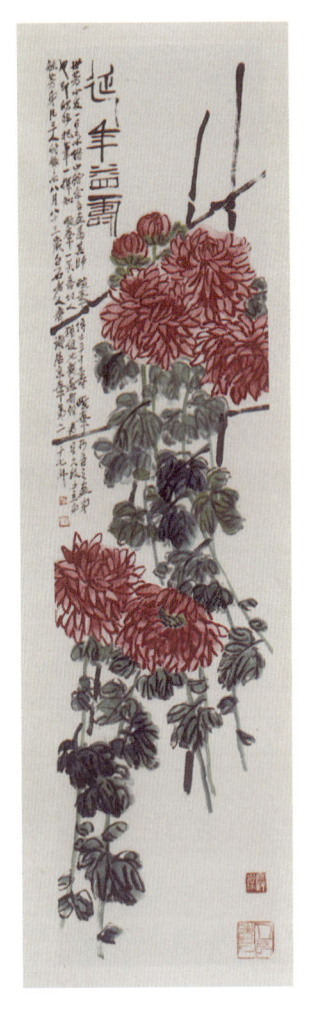

齐白石《菊》

六、精神圣地 护国寺街9号故居

黄宾虹的《缀玉轩图》，该画题款"瘿公属为畹华绘，滨虹"，朱文图章是很少见的"宾谼"二字，没有创作年代和地址。据专家考证，该画创作时间可能为梅兰芳赴沪演出的1915年至1916年间，黄宾虹受罗瘿公的嘱托为梅兰芳所绘。《缀玉轩图》采用宋画的表现方法，步步推进，层层渲染，把水墨的淹润和华滋推到了一个极致，水分饱满的墨晕完全表达了自然生命的无尽魅力。前景以浓墨勾勒皴擦的山石结构严谨，苍松耸立，林木翠竹掩映之间有几处书屋茅舍，疏密有度，近山高低起伏，细披麻皴打点有聚有散，云横山腰，远山自然微妙的留白似飘浮着游走的水气云雾，似乎能闻得到土壤草木的气息，而密体的点染本身又呈现出丰富的华滋之美，自然融通的屋宇、路径更是塑造出一种"可居可游"的意境。《缀玉轩

人生舞台——梅兰芳故居

黄宾虹《缀玉轩图》

六、精神圣地 护国寺街9号故居

图》非常重视线条质量,点线墨色见笔触和质感,水中巨石嶙峋突兀,树木苍翠繁茂。烟云雾幛缭绕其间,俨然一派世外桃源之景象,算得上是黄宾虹山水画中的精品。

仅仅列举如上数幅明清及近代绘画名家的真迹,就可以看出这座故居中的书画藏品数量之丰、价值之高,都可谓是令人叹为观止的。

除了这些历代名家画作外,梅兰芳纪念馆还保存有相当数量的梅兰芳本人的绘画作品,既有人物,也有花鸟,尤以花鸟最为人所称道。从梅兰芳的这些绘画作品中,我们不仅能直观感知到梅兰芳在绘画艺术方面所达到的造诣,近距离领略他在戏曲舞台之外所创造的另一种"美",也能深刻而真切地感受梅兰芳的爱国热情与尊重热爱中国传统文化的初心。

如果要从学术的角度而言,梅兰芳纪念馆收藏的文物文献中最具研究价值的无疑当属数量达四百余种的戏曲抄本。这批抄本虽然数量上尚不算巨丰,但从其珍稀的程度上而言,多数为学界稀见的善本。这批戏曲抄本文献是梅兰芳缀玉轩所藏戏曲剧本的一部分。梅兰芳将其书斋缀玉轩所藏的剧本全部捐给国家后,一直保存在中国艺术研究院的前身——中国戏曲研究院的戏曲资料室中。1983年,这座梅兰芳生前居住过的四合院被政府辟为"梅兰芳纪念馆",在有关部门的协调下,这批四百余种的戏曲抄本文献,连同梅兰芳的其他文物文献,又重新回到了其主人的故居之中,而缀玉轩所藏的另外一部分剧本则仍收藏于中国艺术研究院图书馆。

戏曲文献专家傅惜华在《缀玉轩藏曲志·序言》中对缀玉轩剧本的来源曾介绍道:"清季故都梨园世家,以藏钞本戏曲称者,厥为金匮陈氏、怀宁曹氏两家所藏,约计四千余册。乙丑岁,陈嘉樑氏逝于旧京,未几,遗书让归泰县梅浣华、北平程玉霜二氏,其余散出亦皆为公私藏家所收,得以保存,亦云幸矣。浣华剧艺湛深,家学渊源。其先祖慧仙,昔主四喜部时,家中所藏戏曲,即已著称于时,而浣华又得陈氏遗书,邺架复增,蔚然大观。"[1] 从现存纪念馆的这批抄本,的确可以看出其来源之一即是梅兰芳先祖辈的家藏。

---

[1] 傅惜华:《缀玉轩藏曲志》,民国二十三年(1934年)排印本。

如清抄本《鳌头凤》，封面题"景和堂光绪二年闰五月二十五日立鳌头凤头、二、三、四本"。据此可知该抄本抄录于1876年，此时的景和堂主是梅兰芳的祖父梅巧玲，当时是著名的徽班——四喜班的班主，而《鳌头凤》也是四喜班创演的连台本戏之一。又如清抄本《水斗、付钵、断桥、合钵》，该抄本封面题"水斗串断桥串付钵合钵余庆堂欢心家"。余庆堂正是清道光、咸丰年间著名昆曲小生陈金雀的堂号，陈金雀正是傅惜华所说的金匮陈氏，同时也是梅巧玲的岳父。除此之外，还有大部分抄本主要来源于梅兰芳及其友人从当时社会上广泛收罗，或购买或复抄而得，这其中既有清代宫廷升平署流入社会的，也有历代戏曲艺人个人手抄的。还有一部分抄本则是梅兰芳为演出个人剧目而专门抄录的，如《霸王别姬》《木兰从军》

六、精神圣地 护国寺街9号故居

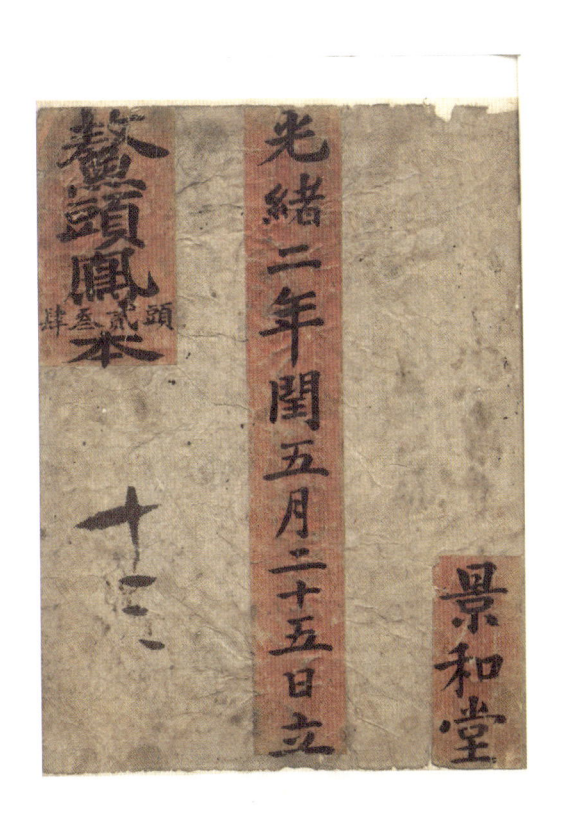

梅兰芳纪念馆藏抄本《鳌头凤》书影

《黛玉葬花》等。如果集中来加以推测，当时梅兰芳缀玉轩所藏剧本的规模当有数千本之多。

从纪念馆藏的这批抄本抄录的时间来看，最早的是清乾隆、嘉庆年间世家抄本《聚宝盆传奇》，该剧目为清初戏曲作家朱素臣所撰，并无刻本流传，也很少有该剧搬演的记载。而此抄本曲文均有点板，并附有详细的科范，足以填补该剧缺乏文本与表演研究资料的缺憾，弥足珍贵。而其他清抄本的抄录时间大多集中在同治、光绪年间，而这一时期也正是诸腔竞陈、互相融合，京剧逐渐形成的关键时期，这种多种戏曲声腔逐渐融合的痕迹也清晰地体现在这批抄本中。如清抄本《前世因》，该剧目也是四喜班创演的连台本戏之一。该抄本共有四本十七出，既有曲牌，又有

六、精神圣地 护国寺街9号故居

梅兰芳纪念馆藏清乾嘉年间抄本《聚宝盆传奇》书影

人生舞台——梅兰芳故居

梅兰芳纪念馆藏抄本《前世因》书影

六、精神圣地 护国寺街9号故居

【西皮摇板】【西皮倒板】（抄本记作"摇西""倒板西"）等板式，其中还有"滚调"，既真实地展现了京剧形成时期多种戏曲声腔如何相互融合，也为我们研究戏曲声腔如何从曲牌体过渡演变为板腔体提供了剧本范例。而这批清抄本所具有的重要学术研究价值还在于其绝大多数都属于舞台表演本。这些抄本中常常在唱词旁标注工尺、板眼、锣鼓提示，而在相关的曲白处也附有详细的表演排场、表情、形体动作、穿戴等提示说明，成为我们研究古代戏曲表演及其传承发展的不可多得的直接文献材料。除清抄本外，这批抄本中还有一些梅兰芳创演的古装戏、新编戏的剧本，这些剧本在一定程度上真实地反映了梅兰芳在表演创作中的详细修改过程与细节。

当我们逐一翻检和研究梅兰芳先生所遗留给世人的丰富珍贵文物文献时，除了学术发现的欣喜之外，感受更多的还是层层累积的由衷敬意，也更加深了对"大师"这一称谓的理解。集前贤之大成，融会贯通而自成一家；同时化身为传统，以启来者，应该是能被尊为"大师"的两大必备要素，两者缺一不可。没有前者，无法言其"大"；若无后者，不能尊为"师"。以梅兰芳先生在戏曲表演艺术上所取得的成就与影响来衡量，"大师"之称当之无愧。而这些存世的文物文献，则展现了梅兰芳先生尊重与热爱中国传统文化艺术的另一面。所以梅兰芳在这座故居中留下的人文印记绝非只是这些文物文献，更值得我们珍视的恰恰是凝聚在它们之上或背后的中国传统文化精神。

六、精神圣地 护国寺街9号故居

◁梅浣华君绶玉轩操琴图▷ （元可先生弧光摄）

梅兰芳在京寓所练习古琴

图书在版编目（CIP）数据

人生舞台：梅兰芳故居/毛忠编著 .—北京：知识产权出版社，2022.1
（梅兰芳艺术人生文丛/刘祯主编）

ISBN 978-7-5130-8010-1

Ⅰ.①人… Ⅱ.①毛… Ⅲ.①梅兰芳（1894-1961）—故居—介绍 ②梅兰芳（1894-1961）—生平事迹 Ⅳ.① K878.2 ② K825.78

中国版本图书馆 CIP 数据核字（2021）第 263480 号

策　　划：刘　祯　　王润贵	责任编辑：刘　嚣
装帧设计：智兴设计室·段维东	责任校对：王　岩
内文制作：智兴设计室·崔一凡	责任印制：刘译文

人生舞台

梅兰芳故居

毛　忠　编著

出版发行：知识产权出版社有限责任公司	网　　址：http://www.ipph.cn
社　　址：北京市海淀区气象路50号院	邮　　编：100081
责编电话：010-82000860转8119	责编邮箱：liuhe@cnipr.com
发行电话：010-82000860转8101/8102	发行传真：010-82000893/82005070/82000270
印　　刷：天津市银博印刷集团有限公司	经　　销：各大网上书店、新华书店及相关专业书店
开　　本：787mm×1092mm　1/32	印　　张：5.625
版　　次：2022年1月第1版	印　　次：2022年1月第1次印刷
字　　数：64千字	定　　价：39.00元

ISBN 978-7-5130-8010-1

出版权专有　侵权必究
如有印装质量问题，本社负责调换。